U0100322

大展好書　好書大展
品嘗好書　冠群可期

大展好書　好書大展

品嘗好書　冠群可期

中國古代健身功法 4

三十二式
太極雙扇

劉時榮　陳　靜／著

大展出版社有限公司

目　錄

4

三十二式太極雙扇

編寫說明

　　太極雙扇是根據太極十三式原理，開拓，創新編寫的。

　　扇，自古以來人們用它納涼消暑。其扇面多取材紙、布、絹、羽、革等，其扇骨多取材竹、木、蒲、蕉、藤等。扇除納涼外，還因其形體秀麗、風姿飄逸而用於舞蹈。古代文人將扇面用來興詩作畫，藏爲珍品。

　　扇，還能增強思維，諺語有「搖動鵝毛扇，計從心上來」「扇子生風，頭腦清鬆」之說，三國時諸葛亮常手持羽扇指揮三軍作戰。古人以鋼作扇骨，以革爲扇面，用作防暴自衛武器。若敵犯我，我以扇面擋之代盾；若我制敵，即以扇尖擊之爲矛，敵退我乃搖扇納涼，防患於未然。扇子的確是一種文飾武衛、文武全能的珍品。

　　太極雙扇是以太極十三式的理論爲原則，

運用扇的文飾武衛本能和神韻優美的舞蹈氣氛，並結合太極、八卦、技擊的基本功法，配合養生保健內涵，融成一體，創編成一套完善的太極雙扇運動。

它不僅造型優美、姿態瀟灑，而且具有強身健體、防病祛病、養顏健美、抗禦衰老、陶冶情操、延年益壽之功效。

太極雙扇的要領和太極拳的要領一樣，要求全神貫注、動靜結合、意守拳路、氣沉丹田。在動作上要求輕鬆柔和、外柔內剛、剛柔相濟、如行雲流水連綿不斷，要以腰為軸帶動四肢運動，兩臂動作要始終保持圓滑靈活，做到圓而有柔，柔中帶剛、舒展大方、上下相隨、左右相兼，一動無有不動，要相互協調，切忌斷續、挺直、僵硬。

要特別強調太極的陰陽二氣合理運行，也就是要求虛實分明，虛屬陰為防，實屬陽為攻。虛實不清，既失去防攻含意，又混淆陰陽錯亂，這就違背了太極原則。所以說，虛實分明是十分重要的，必須掌握基本要領才能達到養生、健美、強身、健體、防病祛病、延年益壽的目的。

太極雙扇最適合男女老少廣大體育愛好者學習演練，透過多年的實踐檢驗，凡參加演練者，都取得了明顯的健康效果。太極雙扇既富有時代氣息感，也是一項良好的健身運動。

為弘揚中華民族傳統文化，為造福人類的身心健康，特將太極雙扇向社會推廣、普及。由於時間倉促，水準有限，粗漏之處在所難免，期望廣大體育、武術愛好者批評指正。

三十二式太極雙扇

扇子部位一般名稱

　　扇子各部位的名稱，各地稱呼不同，我們就按一般名稱，把它標明出來，以供練習時參考。

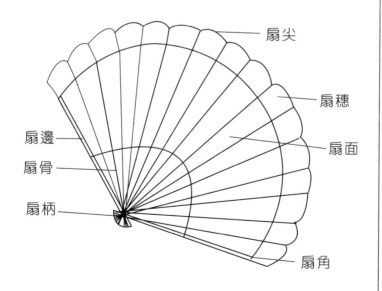

扇尖

扇穗

扇面

扇邊

扇骨

扇柄

扇角

三十二式太極雙扇動作名稱

一、起　勢

二、太極圖

三、左右穿梭

四、斜飛勢

五、白鶴亮翅

六、雙下勢

七、白鶴亮翅

八、摟膝拗步

九、沉魚落雁

十、單鞭

十一、雲扇

十二、白蛇吐信

十三、前護後衛

十四、如封似閉

十五、探海勢

十六、彎弓射虎

十七、金雞獨立

十八、鷂子翻身

十九、犀牛望月

二十、靈貓撲鼠

二十一、天鳥飛瀑

二十二、左右伏虎

二十三、蹬腳掩耳

二十四、迎風揮塵

二十五、白猿獻果

二十六、野馬跳澗

二十七、撥雲見日

二十八、天女散花

二十九、八卦行步

三十、立竿見影

三十一、宿鳥歸林

三十二、收　勢

三十二式太極雙扇動作說明

一、起　勢

　　全身放鬆，兩腳併攏，可稍有空隙，沉肩墜肘，尾閭中正，身體正直；左右手各持一扇，兩扇下垂，扇角相對；呼吸自然，目視前方。

【動作要點】：
內外協調，心靜神怡、保持心理平衡。

二、太極圖

　　兩手以扇角領先向上畫圓，至頭頂上端兩扇角會合，左臂不動，右臂以扇角領先向左下畫2形陰陽魚，同時脊椎骨跟著扭曲，使腰脊

督脈經穴充分活躍，扇角畫到下部兩腿中間，左扇向左上斜直、右扇向右下斜直，兩扇成一條斜線，然後兩扇與肩平行再向前內收，扇角朝前，雙腕向外撐，徐徐下落，經兩腋下翻轉向前、向下，開扇。同時左腳向前，腳掌著地成左虛步。見圖1～圖7。

【動作要點】：

兩扇從下向上畫圓後，右扇畫陰陽魚分界線要分明，兩扇打開要同步進行。

圖1

圖2

圖3

圖4

圖5

圖6

圖7

三、左右穿梭

接上勢。兩扇左右開與肩平，左扇下落至右側下腹前，右扇同時前收，屈肘與肩平，兩扇上下相對；同時，左腳尖點地，向左邁出成左弓步；左扇向左斜上掤出橫立，與肩同高，扇尖朝前，同時，右扇緊跟豎立向左穿出，扇尖向左；重心後移，兩扇分開與肩平，扇尖朝上，重心移至左腳，右腳內收點地，並向右邁出成右弓步；同時，右扇收至左下腹前，左扇屈肘，收與左肩平，兩扇相對，右扇向右上掤出橫立與肩高，扇尖朝前，左扇豎直向右穿出，扇尖向右。見圖 8～圖 12。

【動作要點】：
右扇在上橫式掤出，左扇在下向左豎式穿出，兩扇角橫豎相對，左右式均同。

圖 8

圖 9

圖 10

圖 11

圖 12

四、斜飛勢

右扇向下斜直，左扇向上斜直，兩扇成一條斜線，合扇；同時，右腿向左腿蓋步，上體稍右轉；目視右下方。見圖13、圖14。

【動作要點】：

兩扇斜式，上下成一條線，不得偏離，合扇要一致。

圖13

圖14

五、白鶴亮翅

右扇由下向上、左扇由上向下在腹前交會，右扇在外；上體左轉，左腳向前弧形邁出成左虛步；同時，左右扇走至左右兩臂前開扇，兩扇在胸前畫弧平伸左右，與兩肩平，扇尖向上；目視前方。見圖 15～圖 17。

【動作要點】：

兩臂伸展要大方，虛步半蹲時上下協調。

圖 15

圖 16

圖 17

六、雙下勢

① 重心移至左腳，右腳抬起，向前直仆步伸出，同時右扇隨仆步由下向上，扇尖朝上，成右前弓步；左扇向後拉至左下側。

② 右腳踏實，左腳抬起；同時，右扇自下斜上，隨左腿向前仆步伸出扇尖朝上成左前弓步，右扇隨向後拉至右下側，見圖18～圖21。

【動作要點】：

扇和前仆步要同時向前，伸、拉、起、伏要自然大方。

圖18

圖 19

圖 20

圖 21

七、白鶴亮翅

右腳向前邁半步踏實，左腳抬起向前下落，腳掌著地；兩扇向左右豎直伸出，與肩平，扇尖均朝上方。見圖22。

【動作要點】：
兩臂伸展大方，虛步半蹲上下協調。

圖22

八、摟膝拗步

① 兩扇在胸前相合，右扇在外，扇尖朝下，同時，再向左右兩側平肩伸展，扇尖朝上；左腳踏實，向右轉體，右腳收到左腳裡側成右丁步；同時兩扇走弧形至左側，兩扇面相對，左扇上右扇下；右腳向前邁出一步成右弓步；右扇隨邁步平行，在膝上前伸，扇尖朝右前，同時，左扇隨之橫直立扇，向右前與頭平齊伸，扇尖朝右。

② 重心後移，右腳外擺兩扇各向左右平扇伸展，扇尖朝上，右腳踏實，左腳前進到右腳裡側成丁步，同時兩扇走弧形至右側，兩扇平相對，右扇在上；左腳向前邁出一步成左弓步，左扇隨邁步平行在膝上前伸，扇尖朝右前，同時，右扇隨之橫直立扇向右前，與頭部平齊伸出，扇尖朝前。

③ 同 1 式。見圖 23～圖 29。

【動作要點】：

向左右邁步時，要配合平扇從膝上平行雲抹，立扇緊隨平扇伸展，要配合得當，上下協調。

三十二式太極雙扇

圖 23

圖 24

圖 25

圖 26

圖 27

圖 28

圖 29

九、沉魚落雁

　　左腿向右腿前蓋步下蹲成半歇步；同時，
左右雙扇分別從胸前相合，右扇在外，由內向
外畫圓，左扇置左斜上側，右扇落至右斜下
側，左右扇成一條斜線，扇尖斜向右，再兩扇
同時向左側斜下，成右扇上，左扇下。見圖
30、圖 31。

　　【動作要點】：

　　兩扇向左、右傾斜要成一條直線，要平
穩、舒展、大方。

圖 30

圖 31

十、單　鞭

接上勢。兩扇上提、同時勻速向內翻轉，右扇在右耳前，扇尖朝上，左扇在左側胸前，扇尖朝上；左腳收右腳內側丁步，再向左邁出成左弓步；右扇橫式下翻，扇尖朝下，左扇豎式，向左送出，扇尖朝上，左臂伸直同肩高。見圖32、圖33。

圖32

圖 33

【動作要點】：

扇尖由上翻下時，要腕轉靈活，左豎、右橫雙扇協調。

十一、雲　扇

① 以左腳跟為軸向左轉體，右腳向右上步，成右高虛步；雙扇同時在胸前走弧形交叉相合，右扇在外，同時，又走弧形向左右兩側豎直伸展，高與肩平，扇尖朝上。

② 以左腳跟為軸向左轉體90°，右腳上

步，成右高虛步；雙扇同時在胸前走弧形交叉相合，右扇在外，同時，繼續走弧形向左右兩側豎直伸展，高與肩平，扇尖朝上。

③、④ 同②式。見圖34～圖37。

【動作要點】：

這式動作，是以左腳跟為軸，向左四個方向轉動一周，雙扇隨轉動向兩側伸展和內收，要圓滑大方，伸展自然，在胸前收時，上體稍後仰。

圖34

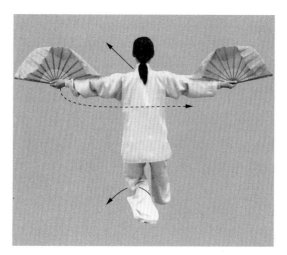

圖 35

圖 36

圖 37

十二、白蛇吐信

接上勢，兩扇從右側由上向下走弧形，左
扇伸向前，扇尖朝上，右扇從腋內拉向後，立
扇，扇尖朝上；同時右腿站穩，左腿向後蹺
起，腳心朝上，上體前俯；眼看前方。見圖
38。

【動作要點】：

右腿要平衡站穩，不得歪斜，兩扇要前後
直立，目前視有神。

圖 38

圖 38 側面

十三、前護後衛

左腿下落踏實成右虛步；左扇收至前胸，右扇收至後背，扇面貼住胸、背，扇尖均朝上；上體稍後仰。見圖39。

【動作要點】：
兩扇前後同時貼靠胸、背，上體稍後仰要配合自然。

圖 39

十四、如封似閉

重心移至右腳，左腳向右腳前蓋步下蹲成
歇步；同時，兩扇向左右外展，立扇平於肩兩
側，扇尖朝上；上體起立；兩扇各自向裡收置
胸前。

左右扇重疊，右扇在外，扇尖朝上，上體
下落歇步時，兩扇分別向兩側張開，如此起落
升降3次。見圖40～圖43。

【動作要點】：

立起合、落下開，層次要分明。升降時要
柔和大方，開合、起落配合緩慢均勻，不可忽
慢忽快。

圖 40

圖 41

圖 42

圖 43

十五、探海勢

起立重心移至右腿，左腳抬起，左腳心護右膝蓋；同時，兩扇左上右下立扇，成一條斜線，扇尖朝右；目視右下方。見圖 44。

【動作要點】：
兩扇斜立上下成一條線，右扇角斜向下，右腿支撐點力達平衡。

圖 44

十六、彎弓射虎

　　左腳向左側下落成左弓步；同時，兩扇收向左胸前，左上右下交叉，弧形雲抹，左扇向左伸出，扇尖朝上，右扇向右回拉至右側肩外立扇，扇尖朝左。見圖45。

【動作要點】：
　　上體正直稍左偏，兩扇豎立成一條直線。

圖45

十七、金雞獨立

重心移至左腳踏實，右腳提起，右腳心護左膝蓋；同時，兩扇隨提腳向內交叉於上胸前再分開，左扇在下，右扇在上，兩扇尖相對。見圖46。

【動作要點】：
兩斜扇面成一條直線，左腿直立站穩力達平衡。

圖46

十八、鷂子翻身

右腳向左腳左側蓋步，腳尖點地，以左腳掌為軸向左擰身轉體180°；同時兩扇隨轉體以左扇領先，徐徐從下螺旋形向上旋轉一周，兩扇在下腹前合扇，再開扇斜向左右兩側，右扇高於左扇，扇尖向上，成一條斜線；目視右扇；同時，右腳向左後蹺起，腳心向上。見圖47～圖49。

【動作要點】：

以腰為軸，身體隨雙扇擰身轉體時，要扇轉身動，上行下隨。

圖47

圖 48

圖 49

十九、犀牛望月

　　合扇，在右腳向左前落地的同時腳尖著地，成右虛步，上體向右擰轉；同時，兩扇由下向左、向上畫圓至右上方，左扇在上，右扇在下，扇角朝右；目視右上方；左腳向左前方上步，右腳緊跟向左腳蓋步；同時，兩扇繼續向右下、向左上、向右上畫圓一周至右上方，上體向右擰轉；目視右上方。見圖50、圖51。

　　【動作要點】：
　　雙扇旋轉兩周，兩扇距離保持與肩同寬。上步要與旋轉扇同步運行，上行下隨，做出舞蹈韻味。

圖 50

圖 51

二十、靈貓撲鼠

上體向左轉正；同時，兩扇向左前甩開；震右腳，左腳立即向左前躍步；同時兩手各舉扇，扇面朝下，向左前下撲，扇尖朝斜左下方；目視左下方。見圖52、圖53。

圖52

【動作要點】：
開扇要一致，震腳與撲扇同步進行。

圖53

二十一、天鳥飛瀑

重心左移，左腳站穩內扣，右腳收至左腳內側成右丁步；同時，左扇由下向上直立於頭上方，扇尖朝右，右扇走弧形，向右直立斜向右下，扇尖朝右斜下方；目視右下方。見圖54。

【動作要點】：

兩扇成一條直線，不得歪斜。

圖 54

二十二、左右伏虎

①右腳移向右前，著地後外擺踏實，上體右轉，左腳提至右膝前，腳心護膝；同時，右扇向右、向上畫圓，落到右上側與頭平，扇尖朝左，左扇從下向左畫弧到右扇下，扇尖向右，兩扇角相對，立扇上下對直。

②左腳向後外擺下落踏實，以右腳掌為軸向左轉體，右腳提起護左膝；同時，兩扇下落，左扇向上置於左上側，與頭平，右扇弧形下落至左扇下，兩扇角相對直，右扇尖朝左、左扇尖朝右；目視前方。見圖55、圖56。

【動作要點】：

左右獨立腿要垂直，身體要平衡，雙扇上下相對成一條直線，全身正直雙目有神。

圖 55

圖 56

二十三、蹬腳掩耳

右扇隨右腳前蹬方向前伸至腳前，扇尖朝上，再兩扇向左右展開；右腳收回再邁出成右弓步；同時，兩扇平行向前，扇尖與扇尖相合，扇高同耳；目視右前方。見圖57、圖58。

【動作要點】：

蹬腳時左腳站穩，兩扇保持對直，雙扇同耳高，兩扇相對掩耳，做到動作柔和。

圖 57

圖 58

二十四、迎風撢塵

①左腳向前，與右腳併攏；兩扇同時向上高舉，扇面朝外，扇尖朝上，雙扇同時以手腕為軸，雙腕向裡翻轉搖動；同時搖動一次左腳後退一步，再搖動一次右腳後退一步，如此右左腳再各後退一次（即向裡搖轉 3 圈後退 3 步）。

② 再以腕為軸，由裡向外返轉搖動一圈，進一步，搖一圈，再進一步（共進 3 步搖 3 圈）。見圖 59～圖 67。

【動作要點】：

雙手搖動雙扇，前進後退要上行下隨，上下配合、層次分明，動作整齊一致。

圖 59

圖 60

圖 61

圖 62

圖 63

圖 64

圖 65

圖 66

圖 67

二十五、白猿獻果

接上勢。兩腳併攏；兩扇平行上舉，扇面朝前，扇尖朝上，雙扇同時下落與腰平。見圖68。

【動作要點】：
雙扇上舉、下落，要緩和有序進行，不得過快。

圖68

二十六、野馬跳澗

接上勢。雙扇上提的同時，右腳與雙扇同時抬起，右腳落地，左腳向前跳出，右腳再向前落地，成右弓步；同時，左扇提向額上，扇尖向右，右扇向右前方送出，立扇，扇尖朝右。左扇回抽，左耳外側立扇，扇尖朝右。見圖69～圖71。

【動作要點】：

舉扇與抬腳同步進行。跳步時要有彈力、柔韌性，不可呆滯。

圖69

圖70

圖71

二十七、撥雲見日

重心後移，上體後仰；雙扇由下向上走圓形對稱相合，扇柄重疊，雙扇造型為圓形，右扇尖朝左，左扇尖朝右，遮住面部，然後兩扇再左右徐徐拉開，露出面部。見圖72～圖73。

【動作要點】：

雙扇重疊相合，扇尖成為圓形，再緩慢向兩側分開，切勿過猛。

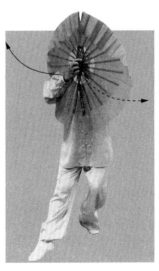

圖72　　　　　圖73

二十八、天女散花

右腳向左腳蓋步；同時左扇向右下畫圓，右扇向左上畫圓，左扇在左斜上方，右扇在右斜下方成一條斜直線，雙扇同時抖動；上體稍向右扭；目視右下方。見圖74。

【動作要點】：
扇角朝斜下，雙扇抖動時約1秒鐘2次。

圖74

二十九、八卦行步

接上勢。順時針走八卦趟泥步，右腳外撇向右邁步，左腳內扣向右跟步，走圓形；以右扇下角為中心走圓一周，邊走動，邊抖扇，共走 8 步。見圖 75～圖 78。

【動作要點】：
按照八卦掌步法走8 步，平行擦步，一步一個節拍。

圖 75

圖76

圖77

圖 78

三十、立竿見影

接上勢。到第八步左腳前伸，成左虛步；同時，左扇下落到前胸貼緊，立扇，扇尖朝上，手心朝裡，右扇上提至左扇外，扇尖朝下，再從面前徐徐上移到頭上方，平扇，扇尖朝前。見圖79、圖80。

【動作要點】：

雙扇移動動作要緩慢，不得過快過猛。

圖 79

圖 80

三十一、宿鳥歸林

右腳向前右下落地踏實，左腳上提護住膝蓋；同時，兩扇向左右展開，再左扇收至右側，扇尖朝右斜上方，右扇高舉至右斜上方，左右扇成一條斜線；目視右上方。見圖81、圖82。

【動作要點】：

上步提膝與兩扇展開同步進行，兩扇斜舉形成一條直線。

圖81

圖 82

三十二、收 勢

　　左腳收回，退後一步；兩扇同時上舉，兩
扇相併，扇面朝前，立扇，扇尖朝上；右腳再
向後退步；雙扇向前下落；上體同時前躬，左
腳退至右腳併攏，雙扇提起上舉，上體正直，
合扇，兩扇分別左右平直徐徐下落。收勢。見
圖 83～圖 89。

【動作要點】：

　　借收勢之式躬身捧扇作為謝幕之禮，舉
扇、落扇要求整齊一致。

圖83

圖 84

圖 85

圖 86

圖 87

圖 88

圖 89

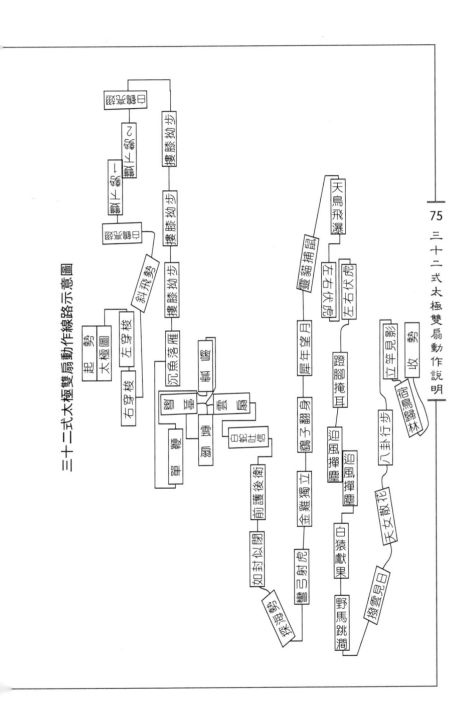

三十二式太極雙扇動作線路示意圖

後　記

　　此書今天得以與讀者見面，感謝各界有關人士的支持和關注。呂懷鼎、王聯合、楊玉蘋、龐敬亮、王洪真、梁洪海、解淑芳、韓海艷協助工作，劉軍、張建剛攝像。謹此再致謝意。

劉時榮

古今養生保健法　強身健體增加身體免疫力

養生保健 系列叢書

1 醫療養生氣功
醫療養生氣功
定價250元

中國氣功圖譜
定價250元

3 少林醫療氣功精粹
少林醫療氣功精粹
定價250元

4 龍形實用氣功
龍形實用氣功
定價220元

5 魚戲增視強身氣功
魚戲增視強身氣功
定價220元

7 道家玄牝氣功
道家玄牝氣功
定價200元

8 仙家秘傳祛病功
仙家秘傳祛病功
定價160元

少林十大健身功
定價180元

10 中國自控氣功
中國自控氣功
定價250元

11 醫療防癌氣功
醫療防癌氣功
定價250元

12 醫療強身氣功
醫療強身氣功
定價250元

13 醫療點穴氣功
醫療點穴氣功
定價250元

14 中國八卦如意功
中國八卦如意功
定價180元

正宗馬禮堂養氣功
定價420元

16 秘傳道家筋經內丹功
秘傳道家筋經內丹功
定價300元

17 三元開慧功
三元開慧功
定價250元

18 防癌治癌新氣功
防癌治癌新氣功
定價180元

19 禪定與佛家氣功修煉
禪定與佛家氣功修煉
定價200元

20 顛倒之術
顛倒之術
定價360元

簡明氣功辭典
定價360元

22 八卦三合功
八卦三合功
定價230元

23 朱砂掌健身養生功
硃砂掌健身養生功
定價250元

24 抗老功
抗老功
定價230元

25 意氣按穴排濁自療法
意氣按穴排濁自療法
定價250元

27 健身祛病小功法
健身祛病小功法
定價200元

張氏太極混元功
定價250元

29 中國璇密功
中國璇密功
定價250元

30 中國少林禪密功
中國少林禪密功
定價200元

31 郭林新氣功
郭林新氣功
定價400元

32 八卦之源與健身養生
定價280元

33 現代原始氣功
現代原始氣功1
定價400元

導引養生功 系列叢書

陸續出版敬請期待

張廣德養生著作

每冊定價350元

全系列為彩色圖解附教學光碟

歡迎至本公司購買書籍

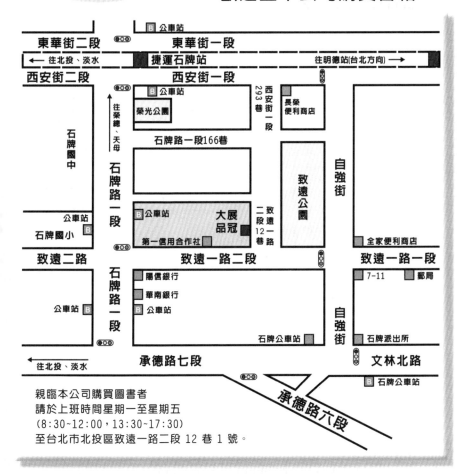

親臨本公司購買圖書者
請於上班時間星期一至星期五
(8:30~12:00,13:30~17:30)
至台北市北投區致遠一路二段 12 巷 1 號。

建議路線

1.搭乘捷運

　　淡水線石牌站下車,由出口出來後,左轉(石牌捷運站僅一個出口),沿著捷運高架往台北方向走
(往明德站方向),其街名為西安街,至西安街一段293巷進來(巷口有一公車站牌,站名為自強街口),
本公司位於致遠公園對面。

2.自行開車或騎車

　　由承德路接石牌路,看到陽信銀行右轉,此條即為致遠一路二段,在遇到自強街(紅綠燈)前的巷
子左轉,即可看到本公司招牌。

國家圖書館出版品預行編目資料

三十二式太極雙扇／劉時榮 陳 靜 著
　　　——初版，——臺北市，大展，2006〔民95〕
　　　面；21公分，——（中國古代健身功法；4）
　　　ISBN 957-468-442-3（平裝）

1. 太極拳

528.972　　　　　　　　　　　　　　95000645

三十二式太極雙扇　　　ISBN 957-468-442-3

著　　者／劉時榮 陳　靜

責任編輯／白　豔

發 行 人／蔡森明

出 版 者／大展出版社有限公司

社　　址／台北市北投區（石牌）致遠一路2段12巷1號

電　　話／（02）28236031‧28236033‧28233123

傳　　眞／（02）28272069

郵政劃撥／01669551

網　　址／www.dah-jaan.com.tw

E - mail ／service@dah-jaan.com.tw

登 記 證／局版臺業字第2171號

承 印 者／高星印刷品行

裝　　訂／建鑫印刷裝訂有限公司

排 版 者／弘益電腦排版有限公司

授 權 者／北京人民體育出版社

初版1刷／2006年（民95年）3月

定　價／160元

大展好書　好書大展
品嘗好書　冠群可期

大展好書　好書大展
品嘗好書　冠群可期